22 1
2D 1993

DISCOURS

SUR

LE DROIT DES GENS,

ET SUR

L'ETAT POLITIQUE

DE L'EUROPE.

AMSTERDAM,

M, DCC, LXII.

DISCOURS

LE DROIT DES GENS.

SI tous les hommes réunis ne composoient qu'une même nation, le Genre-humain ne seroit qu'une grande famille, gouvernée par les mêmes Loix, & régie par une même autorité. Mais qui seroit le dépositaire de cette autorité? Quel homme mortel pourroit soutenir un tel fardeau; contenir une si grande multitude; entretenir l'harmonie dans un si vaste corps; atteindre d'un bout à l'autre de l'univers, & faire sentir par tout les influences d'une autorité dont la nature est de diminuer en s'étendant, & de se détruire?

Il n'appartient qu'au souverain Maître d'exercer cet empire universel. C'est lui qui a partagé la terre entre les enfants des hommes ; qui en confondant leur langage les a contraints de fe féparer, & qui a préfidé à la difperfion des peuples qu'un même pays ne pouvoit plus contenir. Les hommes fe font multipliés à l'infini ; ils ont couvert la terre ; & de proche en proche, les nations fe font placées les unes à côté des autres.

La divifion des hommes en différents peuples, a fans doute établi des rapports nouveaux ; mais a-t-elle détruit les anciens ? Elle a uni d'une manière plus intime ceux qui fe font trouvés faire partie de la même fociété ; mais leur a-t-elle rendu tous les autres indifférents & étrangers ? Elle a fait naître l'amour de la patrie ; mais l'effet de cette paffion fi noble, fi capable de produire de grandes chofes, doit-il être de retrécir le cœur, & d'y éteindre tout amour pour le refte des hommes ? Non fans doute, des rapports fecondaires & de convention, ne peuvent détruire une union fondée fur la nature, ni rompre des liens indiffolubles, des liens auffi facrés que ceux du fang & de la communauté d'origine.

Il exifte donc des relations d'homme à homme : & comme les nations ne font que des membres de la fociété univerfelle du genre-humain, il exifte auffi des devoirs de nation à nation.

Quel eft le principe de ces devoirs, leur nature, leur étendue.; Quelles font les loix, foit primitives foit de convention qui gouvernent les peuples entr'eux. C'eft ce que nous nous propofons de rechercher dans ce Difcours. Nous confidérerons d'abord le droit des Gens dans fa fource, & dans la généralité de fes principes. Defcendant enfuite dans le détail, nous le verrons fixer les limites des Empires, décider des titres de leur proprieté, autorifer la guerre lorfqu'elle eft néceffaire pour le maintien de la fociété, & déterminer l'ufage & les bornes de ce droit redoutable. Enfin nous le verrons préfider aux traités, en ordonner l'exécution, & les fceller de la religion du ferment.

PREMIERE PARTIE.

SI les befoins de l'homme & fes inclinations le portent à la fociété, la raifon lui prefcrit en même temps la manière dont il doit fe conduire pour y vivre heureux. Elle lui fait voir que la focieté ne réunit les hommes que pour leur avantage commun, & pour leur procurer les biens dont la folitude les

priveroit ; qu'elle eſt donc par elle-même
un état de paix ,& de bienveillance ; que
vouloir en tirer ces avantages ſans y
contribuer, c'eſt la détruire, c'eſt par la
plus abſurde des inconſéquences, vouloir
vivre avec les hommes, & vouloir habiter
ſeul ſur la terre.

Elle lui montre que l'amour qu'il ſe
doit à lui-même, n'eſt légitime qu'autant
qu'il eſt reglé & modifié par celui qu'il
doit aux autres : & dans cé ſeul principe
de l'amour de ſoi-même bien dirigé, elle
lui découvre toute l'étendue que doit occuper dans ſon cœur l'amour de ſes ſemblables, & tous les devoirs qui en réſul-
tent, ſuivant le degré d'union qu'il a avec
eux.

Telle eſt la première loi de la ſocieté
humaine, établie par le ſouverain Légiſ-
lateur. Ceſſera-t-elle parce que les hommes ont formé des ſocietés particulières?
Non ſans doute ; ſi elle oblige tous les
hommes indépendamment & antérieure-
ment à tout établiſſement, parce qu'elle
eſt éternelle comme ſon auteur ; elle les
oblige en quelque état qu'ils ſe trouvent,
parce qu'elle eſt conſtante & immuable :
eſt vera lex conſtans, ſempiterna. Et ſi elle
eſt le fondement des loix civiles, elle eſt
auſſi la loi des nations entre elles : *omnes
gentes & omni tempore, una lex & immu-
tabilis continet.*

Il exiſte donc des loix qui aſſujettiſſent les ſocietés, & ceux qui les gouvernent : il eſt des devoirs de juſtice & d'humanité de nation à nation ; & ces devoirs comme ceux des hommes entr'eux, dérivent de l'amour de ſoi-même concilié avec l'amour que l'on doit aux autres. Car Dieu n'ordonne aux hommes d'aimer leurs ſemblables, que parce que cet amour contribue à l'avantage de chaque individu : comme il n'exige le tribut ſi légitime de leur amour, que parce qu'il peut ſeul faire le vrai bonheur de la créature.

Qu'il eſt ſimple & fécond le principe de ces loix, dont la pratique eſt ſi importante au repos du genre-humain.

Tous les hommes ſont freres par leur origine : ils doivent donc s'aimer ; leur pere commun ne leur ordonne autre choſe. Ils ont tous beſoin les uns des autres ; c'eſt un nouveau motif d'amour & d'union qui doit les porter à s'entr'aider par une communication réciproque de ſecours & de ſervices. Les ſocietés civiles ne ſont que des membres de la ſocieté générale, qui les renferme toutes dans ſon ſein ; elles doivent donc l'entretenir au lieu de la déchirer pour des intérêts particuliers.

Tous les peuples habitent la même terre aſſez étendue pour ſatisfaire à leurs beſoins, & même à leurs deſirs ; ils doivent

s'y voir fans jaloufie, fans defirer ce qui
eft aux autres.

L'état naturel des nations les unes à
l'égard des autres, eft donc un état de
paix & d'union. Elles forment entre elles
une focieté d'égalité & d'indépendance,
qui exige des égards & des ménagements
réciproques. Dans une même ville tous
les citoyens font également libres fous la
protection des Loix; quoique le rang ou
les richeffes mettent entre eux des diftinctions. Ainfi dans la focieté générale des
nations, l'inégalité de puiffance & de force ne doit point troubler l'harmonie générale, & mettre en danger la liberté des
plus foibles. L'état contraire eft un défor-
dre d'autant plus grand, que les confé-
quences en font plus terribles.

O Souverains ! ô vous qui tenez dans
vos mains le repos ou les malheurs de
la terre; qui ordonnez le calme ou ex-
citez la tempête; vous dont la voix puiffante, comme celle du Très-haut dont
vous êtes les images, fçait contenir la
multitude des nations, ou l'agiter comme
les flots de la mer : fi jaloux de la tranquilité de vos Sujets, vous fçavez leur
dicter des Loix juftes ; de la même fource
où vous puifez les Loix que vous leur
donnez, dérivent auffi celles qui gouvernent la focieté des nations entre elles.

Vous n'avez pas de maître fur la terre ; mais vous avez des égaux : plus vous êtes indépendants, plus il vous convient d'être juftes.

A ces premiers principes d'équité, qui obligent les Souverains comme les Sujets, fe joignent des Loix particulières, auxquelles la conftitution même des focietés a donné lieu. Chacune au moment de fa formation devient une perfonne morale qùi a une volonté particulière, des droits tous différents de ceux des membres qui la compofent, une manière d'acquérir & de conferver qui lui eft propre. Ce nouvel état a produit entre les hommes de nouveaux rapports, des liaifons d'un autre genre ; & par conféquent a exigé de nouvelles Loix qui dérivent à la vérité des premiers principes, en tant qu'elles font juftes & néceffaires, mais qui s'éloignent de leur fimplicité.

La combinaifon de ces Loix, eft ce qu'on appelle le Droit des Gens. Il eft à l'égard des nations entre elles, ce qu'eft le droit civil entre les Sujets. L'un & l'autre ne font autre chofe que le Droit naturel même modifié, & appliqué fuivant les befoins & les circonftances ; l'un aux hommes dans les rapports qu'ils ont entre eux comme Sujets & Citoyens ; l'autre aux Peuples & aux Souverains, dans les

A'

relations qu'ils ont enfemble, & les intérêts qu'ils ont à ménager entre eux.

Le Droit des Gens eft fans doute d'un
autre ordre que le Droit civil. Si l'un &
l'autre ont une même origine ; l'application des principes qui leur font communs,
ne dérive pas de la même autorité. Le
Droit des Gens ne doit pas le détail de
fes Loix à un Légiflateur particulier ; il
n'a pas été redigé par écrit dans une affem-
blée générale des Souverains. Il eft le ré-
fultat des ufages univerfellement reçus,
& obfervés réciproquement par les peuples qui les ont admis. C'eft une efpèce
de tradition *ordinairement* fondée fur la
juftice, fur l'humanité, fur l'intérêt commun. Le Droit civil dans ce qu'il contient
d'arbitraire, n'eft autre chofe que la volonté perfonnelle d'un Souverain. Le Droit
des Gens renferme le vœu de tous les
peuples ; il eft produit par le confentement volontaire des nations, qui fe font
gloire de le reconnoître & de le fuivre ;
& par fon importance il eft autant au-
deffus du Droit civil, que les Etats font
au-deffus des particuliers. L'un affure la
tranquillité des familles, l'autre celle des
nations : l'un fixe les bornes d'un héri-
tage ; l'autre détermine les limites des
Empires.

C'eft le Droit des Gens qui diftingue

les peuples policés des peuples barbares.
C'eft lui, par exemple, qui perfectionné
par la Religion, a banni l'efclavage de
chez les peuples Chrétiens. C'eft fous
fa protection que les navigateurs battus
par la tempête abordent avec confiance
fur des côtes étrangères, & y trouvent
la fureté & les fecours dont ils ont befoin.
Arbitre des nations entre elles, il leur
impofe des loix, il prefcrit les égards
mutuels qu'elles fe doivent, & règle leur
conduite refpective. Il eft le lien de leur
correfpondance & le juge commun des
procédés. Il rend la perfonne des Ambaffadeurs facrée, & détermine la manière
dont ils doivent être traités. Il défend
de commencer la guerre fans avoir ex-
pofé fes prétentions ou fes griefs, fans
avoir reclamé de la part de fes voifins
la juftice que l'on exige d'eux; & leur
avoir déclaré que faute de l'obtenir, on
eft difpofé à fe la rendre foi-même. Il tem-
pere même les rigueurs de la guerre, il
établit entre les ennemis une forte de modération, & met un frein au pouvoir du
vainqueur. C'eft lui enfin, qui après avoir
fervi de bafe aux traités, en affure l'exécution, fixe les poffeffions refpectives des
nations; & décide des titres de leur proprieté.

SECONDE PARTIE.

LEs focietés civiles ont une efpèce de proprieté qui leur eft particuliere, & qui dérive du Droit des Gens.

La proprieté naturelle s'acquiert par l'appréhenfion réelle & l'occupation : inféparable de la poffeffion, elle fe perd avec elle.

La réunion des hommes en focieté, a donné lieu à une autre propriété fondée fur les conventions que les citoyens font entre eux. L'Etat affure aux fujets cette proprieté indépendamment de la poffeffion; il la leur conferve même à leur infçu, & la met fous la protection des Loix & des Tribunaux.

Mais outre cette proprieté qui intéreffe chaque citoyen, la focieté en a une particulière, que le Droit des Gens a introduit & conferve; qui fans préjudicier aux proprietés particulières, fans les diminuer, les comprend toutes fous un point de vûe différent.

Les pays appartiennent à l'Etat, quoique chaque particulier y foit maître de fon domaine. La proprieté des fujets con-

fifte dans le droit de difpofer de fon hé-
ritage, & d'en percevoir les fruits. Celle
des Etats dans l'exercice de la puiffance
publique : il poffede le pays par le droit
d'y commander ; le citoyen par le droit
d'en jouir. *Ad reges poteftas omnium per-
tinet, ad fingulos proprietas : omnia rex
imperio poffidet, finguli dominio.* Seneque
de beneficiis liv. 7.

La proprieté politique s'étend même
plus loin que celle des fujets. La focieté
en s'établiffant, prend poffeffion de tout
le terrein qu'elle juge néceffaire à fa confervation ; quoiqu'il ne foit pas tout entier occupé par les citoyens.

Il eft fans doute pour les Etats comme
pour les particuliers, des moyens légitimes de s'aggrandir. La focieté trop refferrée dans fon territoire, peut y joindre
une contrée voifine, où perfonne ne s'eft
encore établi : elle peut recevoir dans fon
fein une focieté déja formée, qui fe réunit
volontairement à elle, & lui apporte tous
fes droits de proprieté.

Une guerre jufte devient auffi pour le
vainqueur un titre légitime d'acquifition.
Il a droit de retrancher au peuple vaincu
une partie de fon territoire, pour fe dé-
dommager des frais de la guerre : il peut
même le mettre hors d'état de nuire, en
lui ôtant le droit de fe gouverner lui-

même par fes propres loix, & en l'affu-
jettiffant pour toujours.

Mais l'ufurpation & la violence ont le
plus contribué à l'agrandiffement des Empires. Quelqu'injufte que foit cette maniere de s'accroître, le repos des nations
exige que le temps couvre le vice de l'acquifition ; que la focieté, qui après avoir
occupé par la force le Pays conquis,
fait ceffer l'oppreffion pour le gouverner
par les Loix, devienne enfin propriétaire,
& acquiere ainfi un titre que la violence
ne pouvoit lui donner, mais que la pref-
cription & le confentement prefumé des
peuples lui affure.

La découverte d'un autre monde a ouvert aux nations Européennes une nou-
velle maniere de s'agrandir. Les unes ont
détruit pour acquerir, ont renverfé des
Etats puiffants & policés, pour établir
fur leurs ruines une domination directe.
Ce font des conquêtes, & dont le temps
a légitimé la poffeffion.

Les autres ont acquis d'une maniere
plus légitime. Elles ont trouvé des pays
vacants, ou ce qui eft la même chofe,
occupés par des peuples, qui n'ayant au-
cune idée de culture & de propriété,
n'ont mis aucun obftacle à leur établiffement. Ces peuples indépendants au milieu des Européens ont continué de vivre

à leur maniere; ils ont confervé toute la propriété qu'ils connoiffoient, celle de leurs armes & de leur liberté.

Or, par rapport à un pays vacant, c'eft l'occupation qui eft le fondement de toute propriété naturelle, civile ou politique. Le Droit Civil, ou le Droit des Gens peut enfuite la modifier, il en indique les marques & les caracteres; il la conferve indépendamment de la poffeffion actuelle: mais il ne peut feul la commencer. La découverte d'un pays faite par les membres d'une focieté n'acquiert donc rien à l'Etat, tant qu'il ne s'en eft pas emparé. Des Chartres, des conceffions de Souverains peuvent bien donner à ceux qui les ont obtenues, le droit de s'établir dans un pays, à l'exclufion des autres fujets; mais elles ne peuvent empêcher une autre nation de prévenir par une occupation réelle, un établiffement qui n'eft qu'un projet, tant qu'il n'eft pas réalifé. Un pays refte vacant jufqu'à ce qu'il foit occupé, & ce n'eft pas par la volonté feule qu'on s'en empare; il faut une prife de poffeffion réelle qui annonce publiquement cette volonté: il faut que cette prife de poffeffion, qui n'eft encore qu'un figne extérieur de la volonté, foit fuivie conftamment de ces actes auxquels on reconnoît la propriété politique: tels que font l'envoi d'une Co-

lonie , la fondation des Villes , la conſtruc-
tion des Forts, le défrichement des Terres,
l'établiſſement du commerce, l'exercice de
l'autorité publique. Sans cela toutes les
prétentions de découvertes , toutes les
conceſſions des Souverains , ne peuvent
exclure les autres nations ; & ſont des
titres auſſi chimériques que cette fameuſe
ligne de démarcation que traça d'un pole
à l'autre le Pape Alexandre VI. pour partager d'un trait de plume les découvertes
des Eſpagnols & des Portugais.

Tels ſont en peu de mots les principes
de la propriété politique. Tels ſont les titres qui bornent le territoire des nations,
& qui partagent la terre entr'elles. La
mer immenſe qui les environne , n'eſt pas
de ſa nature ſuſceptible de propriété ni
d'occupation. Si chaque peuple eſt auto-
riſé à défendre ſes côtes , c'eſt ſeulement
par l'intérêt de ſa ſûreté & de ſes beſoins;
mais en général la pêche & la navigation
ſont des biens qui doivent reſter en commun , comme l'air que nous reſpirons ,
comme la lumiere du ſoleil , qui dans ſa
révolution journaliere embraſſe tout l'u-
nivers.

Outre les droits de propriété qui appartiennent à chaque ſocieté civile , elle a encore un honneur à maintenir , une eſpece
de vie à conſerver. Son honneur eſt com-

promis, lorfque le rang qu'elle occupe ,
les prérogatives dont elle jouit par un
ufage ancien & un accord général , lui
font conteftés : lorfque fes fujets font attaqués , troublés dans leurs droits, dans
la liberté de leur commerce ; lorfqu'elle-
même eft outragée dans la perfonne de
fes Ambaffadeurs. Sa vie ainfi que celle
du corps, confifte dans l'exercice libre de
fes fonctions. Dès que l'autorité qui l'a-
nime rencontre des obftacles qu'elle ne
peut furmonter ; dès qu'une force étrangere la trouble & l'arrête dans fes opéra-
tions , ou empêche l'exécution de fes ordres ; le principe de fa vie eft attaqué ,
& fon exiftence court un danger d'autant
plus grand , que les obftacles font plus
confidérables.

Tous ces droits qui conftituent l'Etat
politique d'une nation, renferment néceffairement celui de fe conferver elle-même ;
& ce dernier eft comme le rempart de tous
les autres. Toutes les focietés font indé-
pendantes de leur nature. Elles ne connoiffent point de fupérieur, qui prononce
fur leurs conteftations, & les contienne
refpectivement dans les bornes, que leur
prefcrit le Droit des Gens. Or, où ceffent
les Loix & l'autorité : là commence le
Droit du plus fort, Droit barbare & aveugle ; mais le feul qui puiffe avoir lieu entre

des hommes parfaitement égaux & indépendants.

Telle eſt l'origine du Droit de la guerre. Droit inconteſtable qui réſide néceſſairement dans chaque ſocieté, par la nature même de ſa conſtitution : Droit terrible, mais néceſſaire, dont l'origine & la fin déterminent les bornes & l'uſage.

Dieu eſt le Souverain Maître de la vie des hommes, nul ne doit y attenter ſans ſon ordre. Mais comme il ne regne pas ſur eux d'une maniere ſenſible ; il approuve qu'ils ſe réuniſſent en différentes ſocietés, & que chacune érige au milieu d'elle une autorité qui la dirige, qui la faſſe mouvoir & qui la protege ; il daigne confirmer cette autorité, & lui communiquer le droit qu'il a ſur la vie des hommes. Toujours propriètaire de ce pouvoir inaliénable, il n'en accorde que l'uſage. Cet uſage, ſoit au dedans, ſoit au dehors de la ſocieté, ne peut donc être arbitraire & abandonné au caprice de ceux qui gouvernent : il ne fut jamais concedé pour être l'inſtrument de la paſſion & de la vangeance ; mais ſeulement pour le maintien de la ſocieté. Dieu ſans doute ne prétendit jamais autoriſer une violence injuſte, lorſqu'il s'appella lui-même le Dieu des armées.

La force n'eſt donc légitime, que lorſqu'elle vient au ſecours de la juſtice : il

ne fuffit pas même que le motif en foit
jufte : le fang des hommes eft trop précieux
pour être prodigué fans une néceffité indifpenfable. La guerre en elle-même eft
un malheur que l'on ne peut trop redou-
ter ; elle doit être la derniere reffource
pour parvenir à la paix. C'eft une facheufe
extremité que d'être contraint de recourir
à la force , pour obtenir de fon femblable
ce que l'équité lui prefcrit ; & il eft injufte de vouloir enlever par violence ce
qu'on peut devoir à la modération. Tous
les ménagements , toutes les voies pacifiques de négociation , doivent donc être
épuifées avant que d'en venir à une rup-
ture , dont les fuites font fi funeftes & les
événements fi incertains.

Mais dès que la guerre devient indifpenfable , dès que la force eft le feul remede
contre l'oppreffion ; alors la religion , toute
portée qu'elle eft à la douceur , arme elle-
même le bras du Souverain , non pour une
vengeance que fuggere la colere & la paffion , mais pour la protection de fes fujets ,
dont la liberté , l'honneur , la vie , les biens
lui font confiés. Alors la guerre eft dans
l'ordre & devient un devoir ; l'inaction feroit un crime aux yeux de Dieu, & une
lâcheté honteufe devant les hommes. Alors
les foldats qui combattent pour l'Etat, deviennent les miniftres de la juftice , & les

armes tiennent lieu des Loix que l'ennemi a méprisées.

C'est ainsi que Jephté, attaqué par les Ammonites, se mit en état de défense, après avoir invoqué le Dieu des armées. *Que l'Eternel*, dit-il, *juge aujourd'hui entre les Enfants d'Israel & les Enfans d'Ammon*. Jud..11. v. 27. Au défaut de Juge sur la terre, il s'adresse au Souverain Maître des hommes : il le prend à témoin de la justice de sa cause & de la nécessité où il se trouve de la défendre, par le seul moyen qui lui soit ouvert.

Mais de quel front peut invoquer le juste Juge, celui que le desir d'une gloire également fausse & cruelle, que l'ambition, la jalousie portent à troubler le repos des peuples. Ses sujets le suivront, parce qu'ils doivent lui obéir ; mais ils ne participent pas à l'injustice, & ne font pas coupables des maux dont ils sont forcés d'être les instruments. Lui seul en est responsable : toutes les suites funestes de la guerre, tous les malheurs qu'elle entraîne, les désordres, les ravages, les incendies lui seront imputés : le sang de ses sujets, & celui de ses ennemis lui sera redemandé. Il demeurera chargé d'un déluge de crimes, & de la malédiction d'un million de malheureux, dont les larmes & les dépouilles font la matiere de son triomphe.

Dieu dont les jugements font impéné-
trables, & qui diftribue la victoire fuivant
les deffeins de fa fageffe infinie, peut lui
accorder des fuccès ; mais ils ne juftifient
pas fes démarches, ils ne fervent qu'à l'a-
veugler de plus en plus. Il dit dans fon
cœur, comme l'Affirien enflé de la rapi-
dité de fes progrès : *C'eft par la force de
mon bras, que j'ai fait de fi grandes chofes,
& c'eft ma propre fageffe qui m'a éclairé. J'ai
enlevé les anciennes bornes des peuples, j'ai
pillé leurs tréfors, j'ai arraché les Rois de
leurs Trônes.* If. 10. v. 13. Il s'attribue ainfi
la gloire de fes fuccès ; il ne penfe qu'à
affouvir fa vengeance, & à fe faire un nom
immortel, mais il n'eft que l'exécuteur des
ordres de la Juftice divine qui veut châtier
fon peuple, & il exerce le miniftere le plus
bas & le plus affreux. *Malheur à l'Affirien,*
dit le Seigneur, *qui eft la verge & le bâton
de ma fureur, & dont la main eft l'inftru-
ment de ma colere.* If. 10. v. 5.

Mais la guerre même la plus jufte a des
regles que les peuples policés fe font un
devoir de fuivre, & fans lefquelles elle
ne feroit qu'un brigandage. Il eft des ru-
fes légitimes, il en eft que l'honneur & la
bonne-foi profcrivent ; il eft des malheurs
inévitables, il en eft que la modération
& l'équité doivent empêcher. La guerre
eft un acte de juftice, il n'eft permis de

faire à un ennemi que le mal qui peut fervir à le vaincre ou à l'affoiblir : & dès lors
avec quelle modération ne doit-on pas
traiter des peuples malheureux, & qui ne
font point coupables de l'injuſtice, dont
on pourſuit la réparation. Le Droit des
Gens plus puiſſant que toutes les Loix qui
ſe taiſent au bruit des armes, ſubſiſte au
milieu même de la guerre ; il détermine
la conduite que l'on y doit tenir avec un
ennemi ; la maniere dont on doit traiter
les priſonniers, celle dont il faut obſer-
ver les conventions. C'eſt lui qui modere
la vengeance du vainqueur & qui conſerve
encore quelques traces précieuſes d'humanité dans cet état redoutable.

Enfin la diſpoſition perſévérante dans
laquelle doit être un Souverain forcé de
faire la guerre, c'eſt d'enviſager toujours
la paix comme le but de ſes démarches ;
de ne la jamais perdre de vûe au ſein même
de la victoire, & d'être toujours prêt à
s'arrêter au milieu de ſes avantages, & à
relâcher même de la rigueur de ſes droits
en faveur *d'un ſi grand bien.*

TROISIEME PARTIE.

LA fidélité à exécuter les conventions est le plus ferme appui de la societé humaine. Les hommes ne se sont rapprochés que pour trouver leur avantage réciproque dans la communication qu'ils font entr'eux de leurs biens & de leurs services. Que deviendra ce commerce mutuel si la confiance ne l'anime, si la bonne-foi ne préside aux engagements. La justice sans doute impose également à tous les hommes l'obligation d'être vrais, sincères & observateurs exacts de leur parole. Mais l'importance des traités que les peuples font entr'eux pour regler leurs possessions, terminer les guerres, assurer la tranquillité publique, ajoute encore à cette obligation naturelle & la rend plus étroite & plus sacrée.

Dès que ces promesses solemnelles deviendront un jeu, la terre ne sera plus qu'un vaste théâtre de discorde; les guerres seront éternelles; touté societé sera détruite; & les hommes ennemis irreconciliables ne se rapprocheront plus que les armes à la main.

Les circonstances qui ont donné lieu aux traités peuvent changer; l'intérêt apparent peut en conseiller l'infraction ; mais la justice est invariable, & elle oblige les Rois comme les moindres de leurs Sujets. N'aura-t-elle donc plus lieu que dans les Tribunaux entre les simples citoyens, & pour les contestations les plus légères ; & changera-t-elle lorsqu'il sera question de plus grands intérêts. Sera-t-elle toute puissante pour assurer le repos des familles ; & sera-t-elle sans force quand il s'agira du fort d'une Province, & de l'exécution de ses grandes transactions qui établissent la tranquilité du genre-humain.

Mais il n'y a plus dans l'Univers ni sureté ni repos, s'il est d'autres Loix pour juger les peuples, que pour regler la conduite de ceux qui les gouvernent. Si les Souverains font marcher l'intérêt avant la bonne foi ; s'ils ne consultent que leur puissance pour décider de leur fidélité à des Loix qu'ils ont eux-mêmes souscrit : s'ils n'ont pas gravées dans le cœur ces paroles mémorables d'un de nos Rois : » si la bonne foi & la probité étoient bannies du reste de la terre ; elles devroient » trouver un azile dans le cœur & la bouche des Rois. »

La religion du serment reconnue par toutes les nations, comme le gage le plus ferme des promesses, concourt aussi à assurer l'exécution des traités. Quelle doit

doit être la force d'un engagement contraŝé fous les yeux de Dieu, dans lequel il intervient d'une maniere fi immédiate, & dont l'aŝe demeure comme en dépôt dans fes mains. Le ferment eft une dernière reffource pour s'affurer du cœur des hommes & de leurs intentions fecrettes; pour retrancher tous les détours de la mauvaife foi ; pour foumettre les Rois au Juge fuprême ; pour tenir dans le devoir toute force, toute puiffance, & toute majefté humaine, en la faifant comparoître devant celle de Dieu, à l'égard de qui elle n'eft rien.

Les peuples mêmes qui ne connoiffoient pas le vrai Dieu, ont cimenté leurs traités par la religion du ferment : ils ont juré par leurs fauffes divinités, & ont regardé cet aŝe comme le gage de la fidélité, & la fureté la plus grande qui puiffe être entre les hommes. Leurs ferments fans doute étoient des crimes, & les idoles ne font qu'une abomination : mais la bonne foi qu'ils cherchoient à affurer, eft en elle-même inviolable & fainte ; & Dieu, quelque jaloux qu'il foit de la gloire de fon nom, n'a pas laiffé de s'en déclarer le garand, comme proteŝeur de la focieté & vengeur de la foi violée.

Que reftera-t-il donc de facré parmi les

B

hommes, fi les traités ne le font pas ; fi
le fceau du ferment au lieu de procurer
la ftabilité des conventions, ne fert qu'à
tromper plus fûrement ; fi ce que la religion a de plus formidable, ne paffe que
pour une cérémonie fans conféquence ?

Que la politique, cette fcience qui pa-
roît fi compliquée, & qui le devient en
effet, par toutes les vûes d'intérêt, d'ambition, de jaloufie, qui la rendent fi arbitraire & fi variable ; feroit au contraire
fimple & aifée, fi elle marchoit fidéle-
ment à la lumiere de ces grands principes ! Au lieu de n'être qu'un dédale obfcur
& impénétrable, elle préfenteroit un
chemin facile dont la vérité & la juftice
applaniroient tous les fentiers. Au lieu
de femer la défiance, de porter l'alarme
chez les autres, elle n'infpireroit que la
confiance, & ne feroit plus que la fcience
d'entretenir la paix.

Mais qu'au contraire elle eft fouvent
fauffe & mal entendue ! Elle fe perd dans
des voies détournées ; elle fe fatigue elle-
même & devient le fléau des autres : elle
cherche fon intérêt préfent ; elle croit
le voir & le fuivre, & elle s'égare dans
cette recherche ; parce que le véritable
intérêt ne peut être où n'eft pas la juftice.

Heureux le Souverain, qui perfuadé
que c'eft par la juftice que les Rois ré-

gnent, fait confister fa gloire à procurer
à fes peuples les douceurs d'un heureux
gouvernement ; & aime mieux augmenter le nombre de fes fujets par l'abondance & la profpérité, que d'en détruire
une partie & épuifer l'autre, pour ajou-
ter à fon empire une ville ou une province. Content des Etats que la Providence lui a donnés à gouverner, il met
toute fa politique à perfuader fes voifins
de fon défintéreffement. Cette fcience
n'eft à fes yeux qu'une prudence raifonnable qui le rend attentif à pourvoir à la
fureté de fes peuples, en refpectant les
Loix de la Juftice. Pour prévoir fes opé-
rations ; pour juger de fes démarches
dans les circonftances les plus difficiles,
il fuffit de connoître ce qu'il doit faire,
& de voir ce que les traités lui prefcri-
vent.

Il aime la paix, parce qu'elle eft l'état
naturel de la fociété ; il fuit la guerre,
parce qu'elle n'eft jufte que quand elle
eft indifpenfable.

Il fe forme des alliés fideles, parce qu'il
l'eft lui-même ; il aime mieux intéreffer
les autres à fon bonheur, que de leur
infpirer de la crainte : il aime mieux gagner la confiance des Etrangers & l'atta-
chement de fes peuples, que d'étonner
par des projets imprévûs.

Il voit la guerre s'allumer au tour de lui, il n'y prend part qu'autant qu'il y est forcé pour remplir fes engagements, & fecourir des alliés injuftement attaqués. Il voit fes voifins s'entredétruire mutuel-lement, & lui préfenter par leur affoi-bliffement une occafion favorable de s'ag-grandir ; mais fenfible aux malheurs de l'humanité, il fe croit chargé du foin de la tranquilité générale, & ne s'applique qu'à concilier les efprits & à ramener le calme.

Eft-il contraint de faire lui-même la guerre ? Tout l'Univers eft convaincu de la juftice de fes armes, avant même qu'il prenne foin de l'en inftruire. Les violences de fes ennemis, les démarches pacifiques qu'il y a oppofées, font fa juf-tification, & rendent fes adverfaires ref-ponfables de tous les malheurs qui vont fuivre. Les autres Puiffances même font étonnées de fa modération ; fes peuples femblent accufer fa lenteur, & provoquer fa vengeance.

S'il eft fenfible à la gloire, quelle plus folide gloire que celle de rendre les hom-mes heureux ; d'être le protecteur de la paix & l'ami du genre-humain. Ses voi-fins loin d'être jaloux de fa grandeur, voyent fa profpérité fans envie, parce qu'ils n'en ont rien à craindre. Survient-il

quelques-uns de ces démêlés capables de
mettre les nations aux prifes, les Rois di-
vifés fe font un plaifir de dépofer dans
fon fein leurs plaintes refpectives. Sûrs
de trouver en lui un juge auffi éclairé
qu'équitable, ils viennent mettre aux pieds
de fon trône leurs intérêts, leurs prétentions, & leurs querelles ; & lui accor-
dent une fupériorité d'autant plus véritable & plus flateufe, qu'elle eft l'effet de
la confiance & de l'eftime.

Fin du premier Difcours.

B

DISCOURS

SUR L'ÉTAT POLITIQUE

DE L'EUROPE.

Tous les peuples de la terre unis par les liens de l'humanité, forment entre eux une véritable focieté, gouvernée par le Droit des Gens pris dans fa fource & dans la généralité de fes principes. Mais les hommes accoutumés à ne confidérer les autres que par les rapports prochains qu'ils ont avec eux, ne portent gueres leur vûe au-delà de ce qui peut les intéreffer immédiatement & d'une maniere fenfible. Tout le refte eft prefque pour eux comme s'il n'étoit pas. D'ailleurs l'étendue immenfe de la focieté générale, doit néceffairement en affoiblir les liens, & la juftice elle-même admet un ordre dans les devoirs qu'elle prefcrit : elle fçait mefurer l'étendue des obligations fur les degrés de liaifon plus ou moins intimes.

Nous venons d'établir les fondements de la focieté générale du genre-humain ; il eft à propos de fortir de ce vafte champ pour nous renfermer dans des bornes plus étroites, & confidérer les rapports particuliers qui uniffent entre eux les différents peuples de l'Europe. L'effet de ces rapports doit être de rendre la focieté plus intime, de multiplier les relations & les devoirs, d'établir une correfpondance plus fenfible , & de donner lieu à une application plus fréquente & plus étendue des principes du Droit des Gens.

Nous reconnoîtrons que les motifs les plus forts , & les circonftances les plus favorables , femblent fe réunir pour former entre toutes les Puiffances de l'Europe une union inaltérable ; que la juftice d'un côté , de l'autre l'intérêt le plus fenfible , invitent les Souverains à la paix. Nous verrons que le fiftême préfent de l'Europe s'oppofe invinciblement à la réuffite des grands projets de conquête ; que la guerre eft contraire à la conftitution de tous les gouvernements actuels, & que quelqu'heureufe qu'elle puiffe être, elle ne dédommage jamais de l'épuifement où elle réduit, & des malheurs qu'elle entraîne.

Que ne pouvons-nous terminer par ces

confidérations le tableau de l'état actuel
de l'Europe. Mais il ne feroit qu'ébauché,
fi nous nous contentions de rechercher
dans la premiere Partie tous les rapports
qui uniffent enfemble les peuples de l'Europe, & les raifons qui devroient établir
entre eux une paix éternelle; fans montrer dans la feconde les caufes, qui fans
détruire ces rapports, les rendent inutiles,
& changent malheureufement en femences de guerre tant de motifs d'union.

En un mot, nous verrons d'abord, quel
devroit être l'état conftant de l'Europe :
En fecond lieu, quel il eft en effet.

PREMIERE PARTIE.

Dans les autres parties de l'Univers,
les différents peuples trop éloignés
pour fe correfpondre ; trop barbares la
plùpart, pour avoir une police & des
mœurs; trop différents dans leurs loix
& leurs ufages pour fe rapprocher ; ayant
chacun une religion qu'ils fe font faits à
eux-mêmes, n'ont entre eux aucun point
de réunion. Concentrés dans leur territoire, quelques-uns en interdifent avec
foin l'entrée aux étrangers; d'autres ne
connoiffent leurs plus proches voifins,
que pour les repouffer ou les attaquer;

& ignoreroient que la terre nourrit d'autres peuples, si les relations de commerce qu'ils ont avec les Européens, ne le leur avoient appris.

Il n'en est pas ainsi de l'Europe : les nations qui l'habitent forment véritablement entre elles une societé, non seulement fondée sur les loix primitives de l'humanité ; mais établies sur des raisons particulieres, & cimentée par des rapports sensibles & continuels.

La premiere cause de cette union est sans doute la religion. Elle sçait subjuguer les esprits par la conviction de ce qu'elle enseigne ; elle sçait assujettir la conscience, & prendre le cœur par l'endroit le plus sensible. La religion, en s'attachant les hommes d'une maniere si intime, les attache aussi entr'eux ; & si elle est le motif le plus fort qui puisse les faire agir, elle est aussi le plus puissant lien social qui puisse les unir ensemble. La différence du culte les rend plus étrangers es uns aux autres, que la distance la plus éloignée. C'est la religion qui, dans la décadence de l'empire romain, l'a long-tems soutenu sur le penchant de sa ruine ; c'est elle qui, quoiqu'il fût déchiré de tous côtés & démembré par des essains de Barbares, lui a conservé une ombre de majesté. Ces Barbares devenus Chrétiens ont eu quelque respect pour l'empire, dont ils embrassoient la religion, & il n'a pu être détruit en Orient que par un peuple, qui bien-loin de recevoir la lumiere de la foi, ne laisse aux vaincus que le choix ou de la servitude la plus dure, ou de la soumission au culte insensé qu'il professe. La différence de Religion a élevé entre nous & les Musulmans un mur de séparation, & nous rend encore étrangere aujourd'hui la partie de l'Europe qu'ils occupent.

Les différentes sectes qui partagent l'Europe, & le schifme fatal qui en est la suite, ont fans doute relâché les nœuds que formoit la Religion parmi les peuples Chrétiens ; mais ils ne les ont pas rompus, parce qu'ils ont laissé subsister parmi eux l'uniformité de créance sur beaucoup d'articles. Le nom Chrétien sera toujours pour ceux qui se glorifient de le porter, un nom commun qui les rapproche ; & la Croix ce gage précieux de la reconciliation du ciel avec la terre, est comme un signe d'union élevé au milieu d'eux.

Si la Religion est le premier anneau de cette chaîne politique, qui lie ensemble les nations de l'Europe ; le commerce est le second. Son effet est d'autant plus certain, qu'il est fondé sur l'intérêt mutuel ; il est d'autant plus sensible, que toutes les idées politiques, & toutes les

vûes semblent s'ètre tournées vers lui. Il
tient toutes les nations dans une corres-
pondance continuelle ; il les rend respec-
tivement débitrices & créancieres : il lie
ensemble, & confond les affaires, les
biens, les intérêts. Au milieu de tous les
peuples, il se forme un Empire particulier, qu'il gouverne par des loix simples
& invariables. Il déplace ses sujets & les
porte partout où il leur montre des richesses. Non seulement il les conduit les
uns chez les autres ; il les disperse dans
les quatre parties du monde. Les peuples
de l'Europe transportés aux extrêmités de
la terre, se retrouvent au milieu des mers,
& dans les contrées les plus éloignées.
Heureux si le commerce, qui par lui-même
est si propre à entretenir l'union, ne devient jamais un objet de jalousie & de discorde !

Les sciences & les arts établissent aussi
entre ceux qui les cultivent, une societé
formée par la communication des études
& des connoissances. Cette espéce de république indépendante, subsiste au milieu
des autres societés, sans être bornée par
les frontieres qui partagent les nations,
sans être interrompue par les haines, les
préjugés & les intérêts qui les divisent.
Elle s'étend par-tout où l'empire des sciences à pû pénétrer; & si elle a ses guerres

inteſtines, elles ne tournent d'ordinaire qu'à ſon avantage, en aiguiſant les eſprits par la diſpute, & en excitant une émulation qui ne peut que répandre la lumiere. Cette ſocieté intellectuelle forme encore un de ces nœuds qui lie entre elles les nations policées de l'Europe ; & la révolution qu'a produite dans cette république l'invention de l'Imprimerie, en étendant ſon empire, n'a pû qu'être avantageuſe à la ſocieté générale.

Les mariages des Souverains entre eux, ont ajouté à tous ces motifs qui les uniſſent, les liens du ſang, & n'ont fait de tous les Princes qu'une même famille.

Les Ambaſſadeurs qu'ils entretiennent les uns chez les autres, ſont un ſigne & une marque de cette union.

Enfin les alliances & les traités ont reſſerré ces liens, & ont établi entre tous les Princes une garantie reſpective, & un droit public que chaque Souverain eſt chargé ſolidairement de maintenir.

Tous ces rapports multipliés, cette correſpondance néceſſaire, ces relations continuelles de tous les peuples de l'Europe, devroient ſans doute être pour eux autant de gages d'une paix éternelle. A tant de raiſons puiſſantes, ſe joint encore le peu de fruit des grandes entrepriſes militaires ; qui dans l'état actuel ne ſont plus que des tentatives, auffi inutiles que ruineufes.

En effet, le fiftême de l'Europe a pris depuis un fiécle une confiftance qui femble devoir en maintenir la durée, & conferver à peu près chaque puiffance dans l'Etat où elle fe trouve. Il fert également de rempart aux foibles; & de barriere à ceux à qui leur force pourroit infpirer le defir de s'accroitre. Le goût barbare des conquêtes doit être paffé. L'impoffibilité d'obtenir des avantages confiderables; le danger de perdre plus que l'on ne peut efperer, les hazards & les malheurs inféparables de la guerre, l'épuifement où elle réduit bientôt la nation la plus puiffante; tout confpire à en dégoûter pour toujours les Souverains. Eh n'eft-il donc pas temps que les principes de la véritable gloire & de la faine politique, paffent enfin du cabinet des philofophes dans le Confeil des Rois.

Nos ennemis ont long-temps accufé un grand Prince d'afpirer à la Monarchie univerfelle; ils fe font fervi de cette chimere pour colorer leur jaloufie, pour armer une partie de l'Europe contre lui. Les efforts qu'ils lui ont oppofés, & leurs fuccès apprennent à tous les Souverains, que l'Europe n'aura jamais rien à craindre d'un pareil projet, qu'aucun Prince n'eft affez puiffant pour opprimer toutes les autres nations ; que s'il en étoit un capable de le tenter, il trouveroit une réfiftance fupérieure à fes efforts, & ne feroit que précipiter fa ruine.

Tant que le fiftême actuel, qu'il eft peut-ètre impoffible d'ébranler, fubfiftera ; il n'arrivera pas de ces grandes révolutions qui changent la face de la terre & la deftinée des empires. Le temps de ces événements eft paffé : que l'on confidere les circonftances qui en ont autrefois facilité le fuccès, & l'on verra que tout s'y oppofe aujourd'hui.

Les conquérans qui ont caufé de ces révolutions auffi fubites qu'imprévûes, fe font préfentés comme des torrents, à des peuples foibles & fans difcipline ; ils n'ont eu qu'à fe montrer pour foumettre.

Aujourd'hui la communication d'un bout de l'Europe à l'autre eft fi prompte, toutes les démarches d'un Souverain font tellement obfervées par les autres, que le moindre mouvement les trouble, les agite, répand l'alarme parmi eux, & les avertit de fe mettre en défenfe, d'ailleurs toutes les nations ont à peu près la même difcipline, la même maniere de faire la guerre. L'art militaire eft devenu une fcience fondée fur des principes connus & pratiqués par toute l'Europe. Les frontieres font défendues par la nature ou par des places fortes, dont les fiéges longs & difficiles arrêtent à chaque pas, & donnent à la puiffance attaquée le temps de raffembler fes forces.

Ce n'eft pas un effort fubit & momentané qui a conduit les Romains à la conquête de l'univers. Leur grandeur eft l'effet d'un fyftême fuivi conftament pendant plufieurs fiécles. Ils ont dès le commencement regardé l'Empire de l'univers comme attaché au deftin de Rome, & ont dirigé vers ce but leurs guerres, leurs traités & toutes leurs démarches.

Or, il n'y a qu'une République, qui puiffe ainfi marcher fur une même ligne, ne fe départir jamais des mêmes maximes, fe propofer un objet, & y tendre fans le perdre de vue.

Dans les Monarchies au contraire, tout dépend du Prince qui gouverne; il ne peut y avoir la même unité de deffein & de principes. Chaque Souverain embraffe un fyftême différent, parce que chacun a fes vues, fon caractere & fes paffions. Rarement un Prince fuit la route que fon prédéceffeur lui a tracée, & cette variété de plan & de conduite eft une des caufes les plus efficaces de celles, qui préferveront l'Europe d'une révolution confidérable.

Le gouvernement de Rome étoit purement militaire. La guerre étoit l'unique

objet vers lequel étoient dirigées les récompenfes , les châtiments, toutes les
inftitutions. Les vertus guerrieres étoient
le chemin des diftinctions , des honneurs
& des dignités. Tous les Citoyens naif-
foient foldats, & recevoient de bonne heu-
re une éducation conforme à cette deftination. La Ville au milieu de la paix offroit
une image de la guerre. Les délaffements ,
les exercices étoient des jeux militaires.
Le champ de Mars étoit une école publique
où les jeunes gens faifoient leur appren-
tiffage, & fe formoient des corps robuftes,
où tous les Citoyens s'entretenoient dans
l'exercice & l'habitude de fupporter les
fatigues & les travaux. Le Romain regar-
doit fes armes comme faifant partie de
lui-même , & la guerre comme fon état ,
& il fçavoit allier cette profeffion avec
l'agriculture, le barreau & les autres occupations de la paix.

Sont-ce là nos mœurs & nos ufages ?
Seroit-il à fouhaiter pour le repos des peuples , qu'ils euffent pris cette direction ? Il
n'y a parmi nous qu'une très-petite partie
de chaque nation deftinée à défendre l'autre. L'agriculture , les arts , le commerce,
tous emplois fédentaires & amis du repos, occupent le refte des Citoyens , & la
maniere de faire la guerre aujourd'hui a
rendu toute autre profeffion incompatible

avec le fervice militaire. La guerre devient pour nous le fléau le plus terrible. Sans enchir le foldat, elle ruine le Citoyen, elle détourne & tarit prefque tous les canaux dont il tire fa fubfiftance ; elle interrompt la circulation, dérange toute l'économie intérieure, & acheve d'accabler les peuples par les fubfides confidérables qu'elle exige. Nos armées compofées de gens pris au hazard, fouvent arrachés malgré eux à des occupations toutes différentes ; font-elles comparables à des armées de Citoyens Romains ? Le même courage peut encore s'y retrouver dans un jour de bataille ; mais la force eft - elle la même ? Le récit des travaux, que fupportoit le foldat Romain, nous femble incroyable : fes armes feules nous paroitroient un fardeau énorme, & ce n'étoit qu'une partie de celui qu'il avoit coutume de porter. Nos foldats favent affronter les dangers & la mort ; mais peuvent-ils foutenir la faim, la foif, les fatigues exceffives, les marches forcées. L'intemperie de l'air, la rigueur des faifons fuffifent pour fondre & réduire à rien les armées les plus nombreufes. Il faut les renouveller à chaque campagne : les maladies leur font mille fois plus funeftes que le fer des ennemis. Ce n'eft point avec des bras auffi foibles, que les Romains ont foumis l'univers. La guerre eſt donc un état contraire à la conſtitution de tous les gouvernements actuels; elle devient encore ruineuſe par l'appareil immenſe avec lequel elle ſe fait aujourd'hui; par le train prodigieux que les armées conduiſent à leur ſuite. Tandis que d'une part elle enleve toutes les reſſources; elle entraîne de l'autre des dépenſes énormes, & met bien-tôt les Souverains épuiſés par les premiers efforts, dans l'impuiſſance de pourſuivre leurs entrepriſes.

Rien n'a plus contribué à l'agrandiſſement des Romains, que cette politique ſourde dont ils ont trouvé le moyen de cacher le jeu à tout l'univers. C'eſt par elle qu'ils ont avancé inſenſiblement vers leur but; qu'ils ont dérobé la marche & l'étendue de leurs deſſeins aux nations voiſines, que des projets d'ambition trop marqués auroient forcés de ſe réunir efficacement contre eux; c'eſt par elle qu'ils ont fait enſorte de n'avoir ordinairement à la fois qu'une guerre à ſoutenir, & qu'ils ont ſubjugué ſucceſſivement les peuples d'Italie, qui enſuite comme alliés leur ont aidé à pouſſer plus loin leurs conquêtes. Si ces peuples ont été effrayés de leurs progrès, ils ont été en quelque ſorte raſſurés par ce déſintéreſſement, que les Romains ſembloient mettre dans leur démarches; par cette modération apparente avec laquelle

ils ont menagé la vanité des vaincus, &
s'en font faits des amis & des alliés fideles ,
au lieu de leur faire fentir une fuperiorité
trop révoltante , & d'impofer fur eux une
domination directe.

Carthage a été exceptée de ce plan de
moderation ; mais Carthage étoit la rivale
de Rome , & afpiroit auffi à la gloire des
conquêtes , il falloit néceffairement que
l'une ou l'autre fut détruite, il ne pouvoit
y avoir entre elles ni paix ni alliance : les
autres peuples ont regardé tranquillement
la querelle de ces deux grandes puiffances,
& n'ont pas fenti , que leur liberté pourroit devenir la proie du vainqueur.

La chute de Carthage a été l'époque de
la grandeur des Romains , leurs entreprifes
n'ont plus été qu'une fuite de profpérités ,
à laquelle les plus puiffants Rois ont vou-
lu en vain s'oppofer. Les obftacles n'ont fervi qu'à développer les forces des Romains
& à répandre la terreur de leurs armes.
Ils font enfin parvenus à un degré de puiffance , qui les a mis en état de montrer
impunément leur ambition à découvert,
& de faire fentir à l'univers toute la pefan-
teur du joug qu'ils lui avoient impofé.

Or aujourd'hui , une pareille politique
feroit auffi infructueufe que déplacée. La
vigilance des Souverains , leur attention
à s'obferver mutuellement , la combinai-

son des alliances qui communique aux plus foibles les forces de l'Europe entiere, s'opposeront toujours à la réussite des grands projets de conquête. Les droits respectifs fixés par les traités, ont pour garants les puissances qui y ont accedé. Celle, qui au mépris de ses engagements, rompt la paix & renouvelle des prétentions, est comptable aux autres de ses démarches : si elles tendent à l'oppression, les ressorts de sa politique ne les feront point approuver, le jeu des intrigues & des négociations, les manifestes les plus specieux ne feront point prendre le change & n'empêcheront pas les autres puissances de se hâter d'éteindre un embrasement qui peut devenir général.

Tout paroit donc se réunir pour ne faire de l'Europe entiere qu'une même Republique, & entretenir dans ce vaste corps une paix inaltérable. Les liens les plus sacrés & les plus forts semblent se multiplier pour former de concert cette grande union, la resserrer, la cimenter de toute part & lui communiquer une force inébranlable. La conformité de religion, de mœurs, de gouvernement ; (tous les gouvernements sont également modérés & éloignés de la tirannie & du despotisme oriental;) les traités, les alliances, la Justice, cette Souveraine immédiate de ceux qui n'ont point de supérieur sur la terre; &

fi tout cela n'eft compté pour rien , l'intérêt dont la voix eft ordinairement fi puiffante ; tous ces grands motifs invitent les Souverains à la paix , & les portent à envifager la tranquilité générale , comme le but auquel ils doivent tendre.

Enfin les obftacles invincibles , qu'apporteroit à leurs vûes ambitieufes l'état actuel de l'Europe , font de nouvelles raifons, qui doivent les engager à mettre aujourd'hui leur politique à multiplier des hommes plutôt qu'à les détruire , à cultiver plutôt qu'à ravager , à amaffer des richeffes plutôt qu'à les diffiper.

Eft-il aux yeux de l'humanité un fpectacle plus beau que celui de l'Europe paifible , jouiffant dans le calme le plus profond , des avantages, que les hommes trouveront toujours, à fe croire heureux du bonheur de leurs femblables ?

. Tous les Souverains qui en partagent le gouvernement , unis entre eux par les liens de la bienveillance & de l'amitié , tranquilles fur la foi des traités , ne s'occupent qu'à rendre leurs peuples heureux, & tournent toute leur activité , & leurs forces, à mettre en œuvre les avantages de la paix. Sans rien donner au hazard , fans étendre leur territoire , ils travaillent plus efficacement à augmenter leur puiffance , & en trouvent l'acroiffement le plus

légitime & le plus affuré dans une fage
police, dans une économie éclairée, dans
le développement de toute efpece d'induftrie, dans l'ufage de toutes les reffources
que fourniffent la fituation de leur empire,
la nature du pays, le génie des habitants.
Ils s'appliquent à vaincre la ftérilité de la
terre, en excitant le travail, en appellant
le fecours de l'art & de l'expérience, &
à réformer par la voie perfuafive de l'é-
mulation & des récompenfes, l'habitude
& les préjugés qui auroient mis l'oifiveté
en honneur.

Ainfi fleurit l'agriculture, qui jamais
ingrate paya toujours avec ufure les foins
que l'on prit de la cultiver. Cet art pri-
mordial & nourricier eft également le foutien des Etats, par les biens qu'il produit
& par les hommes qu'il fait naître. Il eft
la fource des richeffes comme la pepiniere
des hommes. Il les multiplie par l'abondance qu'il procure, & augmente fes
dons par le nombre des fujets qu'il occupe.

L'induftrie met en œuvre une partie des
productions, elle leur ajoute un nouveau
prix, fouvent plus confiderable que celui
de la matiere même qu'elle emploie.

Le commerce diftribue les biens. Par
une heureufe compenfation, il met un ni-
veau également avantageux à tous, entre
la difette d'une contrée & la trop grande

abondance d'une autre ; il apporte le néceffaire, décharge d'un fuperflu qui devient onéreux, & procure aux productions une valeur, qui fait feule la richeffe.

Tous les Souverains lui ouvrent à l'envi
les entrées de leurs Etats; ils s'empreffent
de l'attirer dans leurs Ports, de lui facili-
ter tous les accès. Chacun met en commun fes avantages & entre en particpa-
tion de ceux des autres; il n'y a plus de
frontieres qui fervent d'obftacles à la communication. La paix abbat toutes les bar-
rieres : la confiance mutuelle fait toute la
fûreté.

Le defir de voyager, l'intérêt des affaires mêle & confond tous les peuples.
Les Ports, les Villes Capitales deviennent
autant le féjour des Etrangers que des Citoyens, & préfentent comme un tableau
& un abregé de toutes les nations. Enfin
l'Europe entiere ne paroit qu'une vafte
République, ou une Ariftocratie gouvernée par un petit nombre de chefs.

SECONDE PARTIE.

POurquoi faut il que le tableau de l'Europe paifible & heureufe, foit fi fouvent changé en un théâtre de difcorde &
de haine ? Pourquoi faut-il qu'une harmo-

nie fi belle, fi avantageufe aux peuples,
dont le bonheur fera toujours inféparable
de la véritable gloire des Souverains, foit
fi fouvent rompue par des divifions intef-
tines, & troublée par les guerres les plus
fréquentes & les plus cruelles?

Quoi donc les focietés particulieres, qui
devroient refferrer les nœuds de la focieté
générale, qui devroient être le lien de la
paix, ne fe font-elles formées qu'au préju-
dice de cette grande focieté? Les hommes
n'ont-ils pu fe réunir avec une partie de leurs
femblables, fans devenir ennemis de tous
les autres? N'ont-ils pu affurer leur repos
d'un côté, fans le perdre de l'autre? N'ont-
ils fait ceffer leurs querelles particulieres,
que pour donner lieu aux guerres natio-
nales mille fois plus terribles? N'ont-ils ré-
primé la difcorde au dedans par la crainte
des loix, que pour la laiffer au dehors fe
déchaîner avec plus de violence? L'état
naturel de l'homme eft-il donc un état de
guerre? Hélas, on ne feroit que trop porté
à le croire, fi on en jugeoit par l'hiftoire
de tous les fiécles.

Et c'eft à nous que le Createur a donné
pour premiere loi l'amour mutuel. C'eft
à nous qu'il a dit, vous êtes tous enfants
d'un même pere; je vous donne la terre,
habitez-la en commun, partagez-en les
fruits entre vous. C'eft à nous qu'il a or-
donné

donné de vivre en focieté : & cette focieté qu'il nous a rendue néceffaire ; à laquelle tous nos befoins nous forcent, tous nos penchants nous invitent ; c'eft ainfi que nous l'entretenons ; c'eft ainfi que nous rempliffons notre deftination.

Que des peuples plongés dans les ténebres de l'ignorance, dépourvus de toute connoiffance de leur auteur, courbés vers la terre comme les animaux, foient prefque parvenus à éteindre dans leur ame ce célefte flambeau, que le Createur y alluma de fon foufle ; qu'ils retrouvent à peine dans leur cœur les traces de ces loix qui y font fi fortement imprimées ; c'eft une dégradation de l'humanité bien humiliante. Doit-on s'étonner que ces peuples ne fuivent qu'une impétuofité aveugle ; qu'ils fe livrent à tous les excès de la vengeance ; qu'ils s'arrachent leur proie avec fureur ; ils n'ont enfemble d'autres rapports que les liens communs de l'humaniré, & ils en méconnoiffent l'origine & les obligations.

Mais que nous qui nous vantons d'être fupérieurs à tous les peuples, par les lumiéres, par la culture de l'efprit, par la fageffe de nos loix, de notre police, de nos inftitutions : qui nous glorifions d'adorer le feul vrai Dieu, & de proféfier une religion qu'il nous a lui-même enfeignée : qui à tant de motifs généraux d'union,

C

joignons tant de raifons particulieres, de
rapport, de convention, d'intérêt : nous
donnions les mêmes exemples de difcorde
& de haine ; peut-être de plus affreux encore ; c'eft ce qui feroit incroiable, fi la
profonde malice de l'homme, nos propres
annales, & nos malheurs préfents n'en
offroient des preuves trop fenfibles.

La raifon ne fert donc qu'à nous égarer,
comme ces feux errants dont le voyageur
ébloui fuit la trace avec trop de confiance.
Les arts, les talents, toutes ces connoif-
fances dont nous faifons tant de cas nous
rendent plus vains, fans nous rendre
meilleurs. Plus notre efprit eft cultivé,
plus nous devenons infociables : plus nous
avons de lumieres, plus notre conduite
les dément : & cette religion fainte que
nous profeffons, n'eft qu'un juge de plus
qui nous condamne. Hélas ! combien de
fois cette religion fi douce, fi bienfaifante,
n'a-t-elle pas été parmi nous une occafion
de guerre ? En fut-il même jamais de plus
cruelles, que celles dont elle a été le prétexte.

Le commerce, cet agent fi propre à
entretenir la correfpondance ; à rapprocher les nations par l'intérêt ; fi utile à
tous ; fi ami de la paix par lui-même que le
moindre trouble l'allarme, le défole, le
met en fuite ; ne devient-il pas lui-même
un fujet de jaloufie & de diffention.

La politique, qui ne devroit être que l'art de conferver la paix, de prévenir les ruptures, de concilier les prétentions, n'eft parmi nous que l'art pernicieux de tromper avec plus d'adreffe; de fufciter des querelles; de compliquer les intérêts; de bannir des négociations la franchife & la fincérité, qui établiffent la confiance.

Les traités ne font qu'un jeu; on les jure fans avoir intention de les obferver: ils ne fervent qu'à affoupir les querelles fans les éteindre: Et combien de fois leur interprétation n'a-t-elle pas été la femence de nouvelles guerres?

Si un Prince fidele aux loix de la juftice & aux traités, en fait la regle conftante de fes démarches, les autres aimeront mieux lui prêter des vues cachées d'intérêt; attribuer à des intentions fecrettes une conduite pleine de droiture; que de rendre hommage à un défintéreffement, dont leur politique eft fi éloignée.

Chacun ne s'attache qu'à fon intérêt préfent: la cupidité dont les vues font courtes & bornées; dont les confeils font faux & rampants; ne permet pas de l'appercevoir & de le chercher, où il fera toujours, dans la bonne foi, dans la fidélité à remplir fes engagements. Elle empêche de fentir qu'il en eft de la fociété générale, comme de toutes les fociétés civiles, dans lesquelles le bien particulier ne doit jamais être séparé du bien général.

Cependant on n'a jamais tant parlé de justice & d'humanité; on n'a jamais tant approfondi & cultivé la connoissance du droit naturel & du droit des gens; & jamais on ne vit ces loix respectables si cruellement violées, si indignement outragées.

C'est ainsi que regne la discorde, où devroit regner une paix inviolable : c'est ainsi qu'elle puise de nouvelles forces, dans ce qui devroit servir à l'éteindre. C'est ainsi que les nations de l'Europe, ne se rapprochent de plus près, que pour s'entre-choquer plus rudement; qu'elles ne sont unies par tant de liens, que pour rendre leurs divisions plus cruelles, & donner aux guerres qu'elles se font continuellement, toute l'horreur & la ressemblance des guerres civiles.

Quelle est donc cette étrange situation, qui admet d'aussi grandes contrariétés; qui présente l'image de la société la plus intime, & offre en même temps le tableau le plus effrayant de la discorde; qui paroîtroit devoir faire de l'Europe le séjour immuable & nécessaire de la paix, tandis qu'elle est le théatre d'une guerre continuelle; & qu'elle ne jouit de la tranquillité, que comme d'une treve passagere.

accordée à l'épuifement , & rompue auff-
tôt par de nouveaux efforts ?

. Mais quelque finguliere que foit en
elle-même cette fituation , elle eft l'effet
néceffaire de l'indépendance dans laquelle
fe trouvent les Souverains entre eux. Elle
préfente à la vérité l'idée d'une véritable
fociété : fondée fur les rapports primitifs ,
encore plus étroitement refferrée par une
infinité de conventions , d'intérêts , de circonftances ; & qui cependant ne fera jamais qu'une fociété imparfaite , dont les
liens feront toujours prêts à fe rompre ,
& fe briferont d'autant plus cruellement,
qu'ils étoient plus forts.

Il manque à cette République Euro-
péenne ce qui feul peut conftituer une
fociété : des loix coactives qui ordonnent
aux Souverains d'être juftes ; qui main-
tiennent la paix ; qui procurent l'exécution
du droit des gens , trop foible rempart
contre l'ambition. Un tribunal dont les
jugements reconnus de toutes les puiffances, prononcent irrévocablement fur leurs
conteftations , & profcrivent à jamais le
droit de fe faire juftice à foi-même par
une voie auffi funefte que la guerre.

L'effence de la fouveraineté étant l'indépendance , un pareil établiffement en
Europe ne pourroit fe former que par un
concert de tous les Souverains ; qui enfin

rebutés des malheurs de la guerre ; fatigués par des efforts toujours vains & toujours renaiffants; touchés de l'état miférable des peuples deftinés à être le jouet de ces grands démêlés , fe réuniroient pour établir une confédération générale , qui garantit à chacun fes poffeffions actuelles ; & pour ériger en commun un tribunal toujours fubfiftant , qui fut armé d'une force capable de faire exécuter fes décifions.

Mais ce feroit dépouiller les Souverains de ce qui flatte davantage la plûpart d'entre eux , que de prétendre leur enlever cet appareil formidable de leur puiffance , pour les réduire à des vertus pacifiques. Ce feroit mal connoître les hommes que de préfumer même la poffibilité d'un pareil établiffement. Il feroit fans doute l'objet de nos vœux , s'il pouvoit être celui de notre efpérance ; mais il ne doit être confidéré que comme le fruit du zele d'un homme * célébre par fon amour pour le bien public , dont un grand Prince appelloit les projets , *les rêves d'un homme de bien.*

Cependant l'Allemagne nous préfente une image de cette confédération générale, & un modéle d'une véritable république de Souverains. Là des loix communes

* L'Abbé de Saint Pierre.

& un droit public gouvernent les peuples entr'eux, avec la même autorité, qu'ailleurs les loix civiles exercent fur les fimples ci-toyens. Là il exifte une juftice pour les Souverains comme pour les fujets. Les prétentions, les plaintes, n'engendrent que des conteftations ordinaires. La guerre qui ne doit jamais être que la derniere reffource, eft défendue; parce qu'il eft un moyen plus sûr & plus raifonnable de vuider les différents. Là, tous les mem-bres indépendants comme fouverains d'un état particulier fonc, comme citoyens de l'empire, gouvernés par des loix commu-nes, foumis à un même tribunal qui fait droit fur les demandes refpectives, qui reçoit les plaintes, qui ordonne la répa-ration des torts.

Le chef de cette grande fociété n'en eft que le premier magiftrat. Soumis lui-même aux loix, dont il n'eft que l'exé-cuteur; il tient d'elles fa puiffance; n'en a que pour les maîntenir; & fe verroit les mains liées, dès qu'il tenteroit de les enfreindre. La place qu'il occupe déferée par le choix des membres, renferme plû-tôt une fupériorité de dignité que de pouvoir.

La liberté germanique préparée de lon-gue main au milieu des troubles & de l'anarchie, a fouffert les plus cruelles atteintes. Plus d'une fois elle fut fur le point d'être écrafée, & de céder pour toujours à l'ambition de la maifon d'Autriche. La conftitution de ce grand corps étoit cependant établie fur des loix conftantes. Mais que peuvent les loix contre la force? que peut la juftice contre la violence? Il falloit, pour que le combat fût égal, que les loix fuffent armées; l'empire divifé par des partis, déchiré par des factions, ne pouvoit trouver en lui-même les forces néceffaires pour faire refpecter fes loix.

La France & la Suede embrâfferent la défenfe de l'Allemagne, & la délivrerent de la crainte d'un *defpotifme*, d'autant plus abfolu, qu'il eût été élevé fur le débris des Loix.

Les traités de Veftphalie terminerent la guerre de trente ans; fixerent l'état de l'Allemagne; les droits & les prérogatives de fon chef & de fes membres; mirent des bornes très-étroites au pouvoir des Empereurs; affurerent la liberté publique; & établirent pour rempart de cette liberté la garantie de la France & de la Suede, qui par leurs efforts venoient de la raffermir.

Ces traités fameux, chefs-d'œuvre de la politique, fruits de la crife la plus violente & du génie des plus grands hommes du fiécle dernier; font la bafe du droit public de l'Europe , & le fondement de tous les traités qui ont été faits depuis. Ils n'ont pas feulement pour objet la confervation de l'empire , mais celle de toute l'Europe ; dans l'état où ils l'ont fixée, l'Allemagne placée dans le centre , préfente un corps robufte & inébranlable , qui, maintenu par fon propre poids , fera toujours l'écueil des conquérants & le foutien de tout le fyftême politique de l'Europe.

Qui ne croiroit que l'empire fi fort par fa conftitution ; redoutable d'ailleurs par fon étendue , par le nombre & la valeur de fes peuples ; fortifié par l'alliance de deux grandes puiffances , ne dût jouir d'un repos inaltérable. Mais que toute la fageffe des hommes eft bornée , foible , impuiffante ; que l'effet des mefures qu'ils peuvent prendre pour s'affurer quelque repos eft incertain , & fujet à l'inconftance des événements.

L'Europe depuis un fiécle n'a point effuié de guerre , qui n'ait agité l'Allemagne. Les états voifins ne peuvent s'ébranler fans qu'elle n'en reffente les fecouffes. Elle fembleroit du moins pouvoir fe promettre un repos affuré à l'ombre de fes loix & de fon gouvernement ; lorfqu'elle voit la paix regner autour d'elle , & fa liberté maintenue au-dedans par un chef dont les intentions pacifiques écartent tout sujet de défiance ; mais sa constitution ne la met pas même à l'abri des guerres intestines. Dans le moment de la plus grande sécurité, l'orage le plus imprévu se formera dans son sein. Il s'élevera au milieu d'elle une puissance, dont à peine au commencement de ce siécle on eut cherché à se faire un allié ; mais que des forces accrues dans le silence, que des ressources amassées de longue main avec la plus grande œconomie, mettront en état d'imposer silence aux loix, d'opprimer, avant qu'elles aient le temps de venir au secours, & de montrer à cette république de Princes un maître impérieux dans un de leurs égaux.

Quel danger l'Empire n'aura-t-il pas à craindre pour la liberté de son gouvernement ; quelle ressource trouvera-t-il dans ses Loix & ses Tribunaux ; si celui de ses membres, que ses forces rendent si redoutable, l'est encore plus par l'ambition qui l'anime : si c'est un Prince hardi, entreprenant, infatigable, ennemi du repos & de l'inaction, se suffisant à lui-même, réunissant l'esprit de détail avec le génie le plus vaste dans les projets, & le plus actif dans l'exécution.

Malheur à la Province sur laquelle il formera des prétentions, vers laquelle il dirigera fes pas : Tel que l'éclair rapide que le tonnerre fuit de près, il n'anoncera fes deffeins que par fa préfence. Malheur à celle même contre laquelle il proteftera n'avoir aucun deffein offenfif : dès qu'elle fe trouvera fur fon paffage ; dès que par fa pofition elle pourra être utile à la réuffite de fes projets ; elle deviendra le théâtre de la guerre la plus vive & la plus opiniâtre.

Telle fera donc toujours la condition malheureufe des hommes, de ne pouvoir trouver de paix fur la terre ; de ne pouvoir fe fouffrir ni fe paffer les uns des autres. Tel fera toujours le fort de cette grande focieté d'être continuellement troublée, agitée, boulverfée par ceux même que la providence deftine à l'entretenir : & fi toute la prévoyance humaine, fi la politique la plus habile n'a pû mettre le corps Germanique à l'abri de ces orages, les autres nations peuvent-elles efpérer un état plus heureux ?

L'Europe au milieu de la paix, porte en elle-même des femences éternelles de divifion. Le calme apparent dont elle jouit par intervalle, n'eft jamais pour elle un état conftant de tranquilité. La difcorde fermente en fecret dans fon fein, & prépare un embrafement toujours prêt à fe déclarer. Tels ces feux deftructeurs, qui par le mélange funefte de diverfes caufes, s'alument dans les entrailles de la terre & la dévorent. Trop refferrés fous les voûtes qui les compriment, ils cherchent à les rompre, ils s'irritent de la réfiftance, & redoublent leurs efforts. La terre en eft ébranlée jufques dans fes fondements ; elle ouvre des abîmes, & engloutit un peuple innombrable. Par une femblable fatalité, l'Europe nourrit un germe fécond de difcorde, que la premiere occafion fait éclore, & qui devenant un mal contagieux, fait d'une querelle particuliere une guerre générale.

Les intérêts font tellement compliqués, les prétentions fi oppofées, que les traités ne pouvant embraffer tous les détails, démêler tous les différents, concilier toutes les prétentions, laiffent toujours une certaine ambiguité dont profitent les ennemis de la paix. D'ailleurs ils font d'ordinaire le fruit de la contrainte & de l'épuifement, plutôt que de la bonne foi, & n'ont de folidité & de durée que le tems dont la partie qui fe croit lezée, a befoin pour les enfreindre, & revenir contre les ceffions qui lui ont été arrachées.

La tranquilité générale fait la force & la fanté de ce vafte corps : les vûes particulieres d'aggrandiffement & d'ambition font comme autant de maladies funeftes

qui l'alterent & le fatiguent. Trop uni
pour ne pas reſſentir les accidents qui
affligent quelques-uns de ſes membres, il
ne l'eſt pas aſſez pour les prévenir ou pour
y remédier.

Toutes les Puiſſances de l'Europe ſe
touchent par une infinité de points. Mille
rapports les attachent enſemble par des
nœuds redoublés, & les lient au fort les
unes des autres. Le moindre événement
cauſe un ébranlement qui ſe communique
de proche en proche. Chaque Souverain
attentif jette un regard autour de lui ; &
refléchiſſant ſur lui-même, cherche la place qu'il doit occuper ſur la ſcene qui ſe
prépare. Il conſulte ſon intérêt, ſes forces
& les circonſtances, pour ſçavoir s'il s'en-
gagera dans les troubles ; ou s'il en demeurera ſpectateur. C'eſt une eſpéce de jeu
de hazard qui s'ouvre. Chacun combine
les riſques & les avantages ; ceux qui s'y
engagent eſpérent y gagner ; preſque tous
y perdent, & les peuples toujours comp-
tés pour rien dans ces grands démêlés,
ne manquent jamais d'en être les victimes.

Les grandes Puiſſances toujours oppo-
ſées ſe craignent, & s'obſervent en ſe me-
naçant. Autour d'elles les Etats moins con-
ſidérables ſe rangent, & ſe partagent ſuivant la poſition où ils ſe trouvent. Attachés
à leur fort, ils ſont forcés d'en ſuivre l'im-

pulsion. Tantôt ils ne songent qu'à éviter leur ruine, & à n'être pas brisés par le choc redoutable des grands Empires : tantôt ils cherchent à en profiter, à vendre leur alliance, & à tirer avantage de ce commerce de secours & de protection.

Ce cahos d'intérêt, cette opposition de motifs & de desseins tiennent tous les Souverains dans un état continuel d'action & de réaction. Telle est l'inconstance de la mer, qui tantôt calme & tantôt agitée, voit ses flots s'appaiser & s'élever au gré des vents & des orages.

Cet équilibre si vanté, qui semble plutôt l'effet du hazard que de la politique, a été mille fois une occasion de trouble, de défiance, d'inquiétude : mille fois le zele pour sa conservation, a servi de prétexte à des ligues, à des projets funestes au repos de l'Europe. Si jamais le soin de le maintenir a dû occuper les Souverains ; si jamais leur véritable intérêt de concert avec la justice, a sollicité leurs communs efforts : Ah ! c'est sans doute dans un temps, où une nation fiere de ses avantages & de ses richesses, imagine que ses forces répondent à l'avidité de ses desirs, & ne met plus de bornes à ses projets. Ce n'est pas à la monarchie universelle qu'elle aspire : ce dessein ne fut jamais qu'un fantôme destiné à inspirer

de vaines terreurs; c'eſt le commerce
univerſel qu'elle veut uſurper. Non contente de faire circuler ſes richeſſes d'un
bout à l'autre de l'Univers , elle veut
ſuffire ſeule à tous les beſoins ; rendre
toute l'Europe tributaire de ſon induſtrie ;
& s'acquérir ainſi une eſpéce de ſouve-
raineté , d'autant plus ſolide qu'elle ſeroit
fondée ſur les beſoins. Ce n'eſt qu'avec
jalouſie qu'elle voit les autres nations
partager avec elle les avantages du commerce. Tout celui qu'elle ne fait pas lui ſem-
ble une perte réelle. Elle couvre déja la mer
de ſes vaiſſeaux. Animée de cet eſprit d'ex-
cluſion ſi fatale à la ſocieté , ſi digne d'une
proſcription générale ; elle voudroit diſ-
ſiper & détruire la marine de tous les
peuples , & s'arroger l'empire des mers,
ce territoire commun des nations.

O Peuples ! O Souverains qui demeu-
rez ſpeêtateurs d'une guerre dont les événements ſont ſi intéreſſants pour vous;
ce ne ſont pas des droits litigieux & incertains que nous défendons , nous recla-
mons les loix qui gouvernent la ſocieté
générale ; ces loix dont vous êtes tous
ſolidairement les dépoſitaires & les ga-
rands. * Ce n'eſt pas pour nos ſeuls in-

* Ce Diſcours a été compoſé en Septembre
1761 , avant la Déclaration de Guerre de l'Eſpa-
gne contre l'Angleterre.

térêts que nous combattons; c'eft pour le commerce, pour la navigation, pour la liberté commune. Nos fuccès ou nos malheurs vous regardent, & nos ennemis font les vôtres.

Vovez & jugez qui d'eux ou de nous a troublé le repos de l'Europe, qui a rompu la paix, violé les traités, allumé cette guerre fi terrible, & dont la violence fembloit devoir abreger la durée.

Témoins de la conduite de la France, de la modération qu'elle a oppofée aux excès de fes ennemis : Voyez & jugez fi le Prince qui nous gouverne a pû faire davantage pour la tranquilité de l'Europe; s'il a pû porter plus loin les égards, les ménagements; s'il n'a pas épuifé toutes les voies de négociation; & rendez hommage à la droiture de fes intentions, à la régularité de fes procédés, à fon amour pour la paix.

Voyez & jugez qui de nos adverfaires ou de nous a porté la guerre dans le continent, qui a foufflé la difcorde, qui a excité & fomenté cet incendie général qui défole & afflige l'Allemagne; qui a fufcité cette fatale divifion capable d'altérer à jamais fa conftitution; qui a employé fes richeffes à foudoyer les ennemis de la paix.

Et quelles précautions la France n'avoit·

elle pas prifes, pour que cette guerre à laquelle toutes les nations commerçantes font fi intéreffées, ne devint point un malheur général. De qui a-t-elle follicité les fecours ? de quel allié a-t-elle reclamé la jonction ? quels amis a-t-elle cherché à faire entrer dans fa querelle ? Indépendamment de tous les traités, il exifte une alliance naturelle entre les Souverains, qui les rend tous protecteurs de la tranquilité générale ; & qui les réunit contre ceux qui veulent la troubler. Et quelle force ne devroit point avoir cette obligation primitive, lorfque l'intérêt particulier de chacun s'y trouve joint ; lorfqu'il eft queftion de réprimer un peuple qui fe montre l'oppreffeur univerfel. Cependant la France auffi généreufe dans fes démarches, que jufte dans fes prétentions, n'a demandé à tous les Souverains que la neutralité, & a confenti de foutenir feule le fardeau d'une guerre dont l'intérêt commun devoit armer tous les peuples. Si elle a cimenté par une convention particuliere avec une Puiffance l'union & la garantie, que les derniers traités établiffoient ; * elle a eu foin de faire précéder cette alliance purement défenfive, d'un acte de neutralité dans la guerre préfente; & n'a eu pour but dans cette démarche que de

* Traité de Verfailles du premier Mai 1756.

rendre la paix néceffaire dans le continent.

Quelle eft donc cette politique qui a rendu inutile une prévoyance fi louable ; qui a dérangé des mefures fi fagement concertées, fi favorables à la tranquilité de l'Europe. Quelle eft cette politique, qui pour opérer une utile diverfion, & forcer la France toujours fidéle à fes engagements à·s'épuifer pour les remplir ; a trouvé moyen de mettre aux prifes prefque toute l'Europe, de brouiller les Souverains, d'inonder l'Allemagne de troupes, de faire de fes plus belles Provinces un vafte champ de bataille.

O fléau de Dieu ! O guerre ne cefferez-vous point de défoler la terre. O glaive du Seigneur, n'avez-vous pas caufé affez de ravage ; n'avez-vous pas affez affligé les nations, n'êtes-vous pas abreuvé de fang & raffafié de carnage.

Et vous Souverains, dont les prétentions ont troublé le repos de l'Europe, daignez vous fouvenir que le Tout-puiffant ne vous communiqua fon pouvoir que pour vous affocier à fes foins paternels, que pour vous rendre les images de fa providence & de fa bonté. Si le foin de votre gloire, fi l'intérêt particulier de vos peuples a droit de vous occuper, fongez auffi que vous êtes le lien de la fociété des nations, & que dans le rang fuprême où le Très-haut vous a fait monter, vous êtes redevables à l'univers, & chargés du foin de procurer fa tranquilité.

Et vous en particulier, Prince, qui faites par vos talents l'admiration de l'Univers ; vous que nous avons trouvé fi grand dans la paix, que nous avons placé au rang des Rois les plus fameux ; vous dont la renommée nous a raconté tant de merveilles, que manquoit-il à votre gloire ? êtes vous fait pour en ambitionner une qui ne foit pas pure, que l'humanité foit forcée de défavouer. Perfuadé que la focieté civile ne peut fubfifter fans le fecours des Loix ; vous avez égalé la gloire des plus grands Légiflateurs. Mais vos Loix ne font dignes de nos hommages, que parce qu'elles font juftes : & cette juftice que vous fçavez fi bien diftribuer à vos peuples, oblige auffi les Rois, & préfide à la grande focieté des nations. Comme membre d'une république de Princes, vous êtes citoyen d'une patrie ; & cette patrie a un Droit écrit, & des Tribunaux dont vous êtes jufticiable. Comme Souverain, au moins vous êtes fujet aux loix immuables de l'équité, de la modération, de la bonne foi. Vous en avez donné aux Souverains, des leçons admirables dans un ouvrage digne de ne pas fortir de leurs mains : Serons-nous donc forcés d'admirer les principes & les maximes du Sage qui inftruit l'Univers ; & de n'ofer en rapprocher la conduite & les procédés du Monarque qui l'effraie.

Defcendez enfin du Ciel, divine Paix, don celefte, fille du Très-Haut : vous dont le nom eft fi doux qu'il fe trouve jufques dans la bouche de vos plus cruels enne-mis. Venez nous ramener des jours purs & fereins. Nous avez-vous donc quitté pour toujours ? la terre épuifée foupire après vous ; les peuples abatus, défolés, confternés vous appellent & vous recla-ment. Nos crimes fans doute vous ont éloignée de nous : la Juftice du Très-Haut a provoqué fa vengeance , & vous a rete-nue jufqu'ici. Mais ce Dieu fera-t-il tou-jours pour nous un Dieu terrible ? ne fe fouviendra-t-il plus de fes bontés ? N'a-t-il pas été donné affez long-temps au démon de la difcorde d'agiter les Souverains & les peuples, de répandre fur eux un efprit d'inimitié, de jaloufie, de fureur. Si la colere divine demandoit des victimes ; un million d'hommes a difparu de deffus la terre dans cette guerre malheureufe. Puiffe tant de fang répandu comme un facrifice d'expiation, arrêter le bras qui nous frappe. Puiffent les cendres de tant d'innocents malheureux , de tant de braves citoyens, appaifer enfin le courroux du Tout-puiffant.

Sommes-nous exaucés. * Cette assemblée augufte des Miniftres de toutes les Puiffances, doit - elle être pour nous le gage d'une paix prochaine ? Que ces délibérations fi longues d'ordinaire, & qui malheureufement en cette occafion ont été auffi-tôt rompues qu'annoncées, feroient faciles & abregées, fi la voix de l'humanité affligée pouvoit fe faire entendre & pénetrer ce cahos d'intrigues, de prétentions, d'intérêt : fi toutes les Puiffances belligerantes dépofant toutes préventions venoient de fang froid fe replacer au point d'où elles font parties ; faire du moins à préfent ce qu'elles euffent dû faire alors ; prendre la juftice & les traités pour régle ; appliquer & confronter toutes leurs prétentions fur cette régle inflexible, au lieu de vouloir la courber à leur gré.

Que la paix feroit prompte fi cette nation qui l'a rompue préferoit enfin la gloire de céder à la juftice, au faux honneur de s'épuifer elle-même pour la combattre : fi contente des avantages que lui procurent une agriculture portée à fa perfection, une induftrie infatigable, un commerce immenfe ; elle croyoit plus honorable pour elle de fervir de modele & d'émulation aux autres peuples, que d'envahir & d'ufurper : fi faifant taire enfin toute animo-

* Congrès d'Ausbourg en 1761.

fité nationale auffi contraire à la raifon qu'à l'humanité ; elle ceffoit de haïr un peuple qui fait l'eftimer., & *qui n'eft fait ni pour fentir ni pour exciter la haine.*,

Mais c'eft Dieu qui tient en fa main le cœur des Rois & qui les tourne où il lui plaît. Il fait les abandonner à l'efprit de difcorde quand il veut châtier les peuples : il fait les incliner à la paix quand il veut pardonner.

C'eft lui qui a infpiré au Prince qui nous gouverne une modération dont l'Europe a dû être étonnée, & fur laquelle elle avoit lieu de fonder les efpérances les plus certaines de la paix. Aurions-nous pû croire nous-mêmes les démarches qu'il a faites pour y parvenir, les facrifices auxquels fon amour pour les peuples l'a déterminé, s'il n'avoit daigné nous en inftruire, & nous mettre fous les yeux d'une part les propofitions les plus capables de défarmer fes ennemis ; de l'autre une oppofition abfolue à toute voie de conciliation. * *Que l'univers entier juge aujourd'hui laquelle des deux Puiffances fe refufe au rébliffement de la tranquillité publique ; & facrifie à fon ambition particuliere le repos & le bonheur de la terre.*

La guerre la plus jufte qui fut jamais ;

* Mémoire des Négociations des Cours de France & d'Angleterre en 1761.

exige donc encore de nous des efforts. Eh tandis qu'une partie de nos concitoyens s'empreffe de prodiguer pour la défenfe de la patrie leur repos, leur fang, leur vie ; nous plaindrons-nous de contribuer de nos biens pour faire fentir à ces fiers adverfaires ennivrés de quelques fuccès, combien la France à de reffources foutenue des regards d'un Roi qu'elle chérit.

Fin du fecond & dernier Difcours.

www.ingramcontent.com/pod-product-compliance
Lightning Source LLC
Chambersburg PA
CBHW070813210326
41520CB00011B/1939